Ulrich Heidenreich

Aber die Liebe ist die größte unter ihnen

„Das Hohelied der Liebe"

Gedanken und Geschichten

zu

1. Korinther 13

Agentur des Rauhen Hauses Hamburg

Das Hohelied der Liebe

1. Korinther 13, 1–13

Wenn ich mit Menschen- und mit Engelzungen redete und hätte die Liebe nicht, so wäre ich ein tönendes Erz oder eine klingende Schelle.
Und wenn ich prophetisch reden könnte und wüßte alle Geheimnisse und alle Erkenntnis und hätte allen Glauben, so daß ich Berge versetzen könnte, und hätte die Liebe nicht, so wäre ich nichts. Und wenn ich alle meine Habe den Armen gäbe und ließe meinen Leib verbrennen und hätte die Liebe nicht, so wäre mir's nichts nütze.
Die Liebe ist langmütig und freundlich, die Liebe eifert nicht, die Liebe treibt nicht Mutwillen, sie bläht sich nicht auf, sie verhält sich nicht ungehörig, sie sucht nicht das Ihre, sie läßt sich nicht erbittern, sie rechnet das Böse nicht zu, sie freut sich nicht über die Ungerechtigkeit, sie freut sich aber an der Wahrheit, sie erträgt alles, sie glaubt alles, sie hofft alles, sie duldet alles.

Die Liebe hört niemals auf, wo doch das prophetische Reden aufhören wird und das Zungenreden aufhören wird und die Erkenntnis aufhören wird.
Denn unser Wissen ist Stückwerk, und unser prophetisches Reden ist Stückwerk.
Wenn aber kommen wird das Vollkommene, so wird das Stückwerk aufhören.
Als ich ein Kind war, da redete ich wie ein Kind und dachte wie ein Kind und war klug wie ein Kind; als ich aber ein Mann wurde, tat ich ab, was kindlich war.
Wir sehen jetzt durch den Spiegel ein dunkles Bild; dann aber von Angesicht zu Angesicht. Jetzt erkenne ich stückweise; dann aber werde ich erkennen, wie ich erkannt bin.

Nun aber bleiben Glaube, Hoffnung, Liebe, diese drei; aber die Liebe ist die größte unter ihnen.

So ist das:

Pflicht
ohne Liebe macht verdrießlich

Ordnung
ohne Liebe macht kleinlich

Verantwortung
ohne Liebe macht rücksichtslos

Ehre
ohne Liebe macht hochmütig

Gerechtigkeit
ohne Liebe macht hart

Besitz
ohne Liebe macht geizig

Klugheit
ohne Liebe macht gerissen

Glaube
ohne Liebe macht fanatisch

Freundlichkeit
ohne Liebe macht heuchlerisch

Ein Leben
ohne Liebe ist sinnlos

Ein Leben
in Liebe ist Glück und Freude

Ein altes Märchen erzählt, wie ein wißbegieriger König die Gelehrten seines Landes beauftragte, für ihn alles Wissenswerte der Welt aufzuschreiben. Nach vierzig Jahren legten sie das Ergebnis in tausend Bänden vor. Der König sagte: „Tausend Bücher kann ich nicht mehr lesen. Kürzt alles auf das Wesentliche."
Nach zehn Jahren hatten die Gelehrten den Inhalt der Geschichte der Menschen in hundert Bänden zusammengefaßt. Der König sagte: „Das ist noch zuviel. Ich bin schon siebzig Jahre alt. Schreibt nur das Wesentliche!"

Die Gelehrten machten sich erneut an die Arbeit und faßten das Wichtigste in einem einzigen Buch zusammen. Sie kamen damit, als der König schon im Sterben lag. Dieser wollte wenigstens noch das Wesentlichste aus der Arbeit der Gelehrten erfahren. Da faßte der Vorsitzende der Gelehrtenkommission das Wesentlichste der Geschichte der Menschheit in einem einzigen Satz zusammen: „Sie lebten, sie litten, sie starben. Und was zählt und überlebt, ist die Liebe."

Der Apostel Paulus kommt im „Hohenlied der Liebe" auf andere Weise zum gleichen Ergebnis. Er denkt über das nach, was für den Menschen wichtig ist und worauf die Christen von Korinth besonders achten sollten, und spricht von Glaube, Hoffnung und Liebe. Der Schweizer Reformator Johannes Calvin schreibt dazu in seiner Auslegung der Bibel:

„Die Liebe ist die größte unter ihnen, weil sie die herrlichsten Früchte trägt und von ewiger Dauer ist. Von seinem Glauben und seiner Hoffnung zieht ein jeder selbst den Vorteil, aber die Liebe fließt auch auf die anderen über. Glaube und Hoffnung gehören dieser unvollkommenen Zeit an, die Liebe hingegen dauert auch im Stande der Vollkommenheit fort."

Viele andere Christen haben sich mit dem Pauluswort beschäftigt.
Die Liebe ist der Ursprung und das Wesen des Handelns Gottes in der Welt. Der große Pädagoge Johann Heinrich Pestalozzi riet den angehenden Erziehern: „Ihr müßt die Menschen lieben,

wenn ihr sie ändern wollt. Euer Einfluß reicht nur so weit wie eure Liebe."

Paulus gibt uns einige Hinweise, woran die rechte Liebe zu erkennen sei:
Sie kennt keine Eifersucht und wendet sich ab vom Eigenwillen und vom Bösen; sie läßt sich nicht reizen durch die Streitsucht der anderen, aber sie verwischt auch nicht die Grenze zwischen Recht und Unrecht. Sie freut sich an der Wahrheit und bewährt sich in grenzenloser Geduld. Alle anderen Gaben – so meint der Apostel – sind zu nichts nütze, wenn sie nur uns selber dienen und nicht von der Liebe bestimmt sind.

Keine noch so ausgeprägte Begabung schützt uns davor, uns selbst zu bewundern und unsere Fähigkeiten nur für uns selbst zu benützen.

Wie viele Menschen reden, weil sie sich gern hören – wie viele forschen, weil das Wissen sie groß macht – wie viele tun Gutes, weil es ihnen Befriedigung verschafft. Eigentlich meinen sie immer nur sich selbst.
Doch Worte ohne Liebe täuschen, langweilen oder verletzen. Erkenntnis ohne Liebe versteinert das Herz. Wohltaten ohne Liebe erniedrigen den, dem sie gewährt werden, und verlokken ihn in die Abhängigkeit. Nur die Liebe meidet mit wachem Blick alles, was die Würde des anderen beeinträchtigt.

Unser Reden wird einmal verstummen, unsere Erkenntnis wird vergehen, unsere guten Taten erschöpfen sich, unsere Liebe aber läßt uns teilhaben an Gott. Sie ist das Aufleuchten der Ewigkeit in unserer Zeit.

Es steht immer einer neben uns, der unsere Liebe braucht.

7

Pflicht ohne Liebe macht verdrießlich

Es ist früh am Morgen. Ich sitze in der U-Bahn, um einen Fernzug zu erreichen. Es überrascht mich, wie viele Menschen schon unterwegs sind, um ihre Arbeit aufzunehmen. Denen, die mit mir fahren, ist anzusehen, daß dies ihr Alltag ist. Nur wenige unterhalten sich – etwas einsilbig, wie mir scheint. Andere verbergen ihr Gesicht hinter der Morgenausgabe einer Zeitung. Hier und da gähnt jemand. Alle scheinen noch gar nicht richtig wach zu sein und nur unterwegs, weil die Pflicht ruft.
Auf der nächsten Station steigen weitere Fahrgäste zu. Etwas mürrisch schieben sie sich in den Wagen und blicken müde vor sich hin. Kurz bevor die Türen geschlossen werden, steigt noch eine junge Frau ein, und in das Klappen der sich schließenden Türen klingt ihr lautes und fröhliches „Guten Morgen". Für einen kurzen Augenblick schauen alle auf – verwundert über die Unterbrechung ihrer Eintönigkeit, überrascht von der Heiterkeit eines lächelnden Gesichts. Manche murmeln sogar etwas, was auch so klingen könnte wie „Guten Morgen" – dann aber hängt jeder wieder seinen eigenen Gedanken nach. Es ist, als wäre für kurze Zeit ein kleiner Sonnenstrahl in unser Abteil gefallen, und ich finde, daß mancher gar nicht mehr so verdrießlich aussieht.

Ob diese junge Frau sich auf die Aufgabe des vor uns liegenden Tages freut? Ob sie einfach gern unter Menschen ist, weil sie die Menschen mag? Ist sie vielleicht nur allzu optimistisch veranlagt, oder ist sie geborgen in einer großen Liebe und strahlt davon etwas für uns aus? Ich weiß es nicht – aber ich spüre etwas davon, daß man seine Pflichten auch fröhlich angehen kann – selbst morgens um 5 Uhr wenn man sie liebt – oder die, für die sie zu erfüllen sind – oder den, der uns dafür die Kraft gab.

Wir bauten nach langen Vorarbeiten endlich ein neues Heim für ältere Menschen. Es war immer wieder schön zuzusehen, wie die Zusammenarbeit von Handwerkern und Architekt uns voranbrachte und wie das Gebäude wuchs.
Zwei Handlanger der Maurer fielen mir auf, die jeden Tag Steine und Mörtel aufs Gerüst trugen. Der eine war immer unzufrieden und mürrisch. Er tat zwar alles, was von ihm verlangt wurde, aber man sah es ihm an: Er tat es nicht gern. Dem anderen schien seine Arbeit Freude zu machen. Ein neugieriger Passant fragte die beiden: „Was machen Sie da?“ „Ich trage Steine“, knurrte der eine – „Wir bauen ein Haus für alte Leute“, sagte stolz der andere.

Das erklärte mir, warum sie so unterschiedlich waren. Einer sah nur seine Arbeit und die Mühe, die er damit hatte – der andere sah das Ziel. Ich konnte mir vorstellen, daß er bei seinem Tun daran dachte, daß die sich wohl fühlen sollten, die eines Tages hier leben würden.

Keine Zeit?

„Mutti, warum willst du nicht mit mir spielen?“
„Weil ich keine Zeit habe.“
„Warum hast du keine Zeit?“
„Weil ich arbeiten muß.“
„Warum arbeitest du?“
„Um Geld zu verdienen.“
„Warum verdienst du Geld?“
„Um dir Essen zu geben.“
Kleine Pause. –
Dann sagt Nelly: „Mutti, ich habe keinen Hunger.“

Oft hindern uns mancherlei Pflichten daran, zu merken, was Menschen von uns erwarten. Wir haben soviel zu tun und lassen uns davon so gefangen nehmen, daß wir nicht spüren, was ein Mensch braucht. Wenn wir aber merken, daß wir denen, die wir lieben, nicht mehr geben können, was sie brauchen, werden unsere Pflichten zur Last – und wir tun sie verdrossen. Es ist dann nicht leicht, einen neuen Anfang zu finden – das Wichtige vom weniger

Wichtigen zu unterscheiden – die eigene Zeit neu zu ordnen – der Liebe Raum und Zeit geben; es ist dann schwer, auch unsere Pflichten noch zu lieben, denn sie scheinen unserem eigentlichen Leben nur hinderlich zu sein. Doch auch die Zeit unserer alltäglichen Pflichten ist Zeit unseres Lebens – zu wertvoll, um sie lieblos zu vertun – zu schön, um sie verdrossen zu vertreiben.
Paulus wußte:
In Pflicht und Freude sind wir von Gott Geliebte, in Pflicht und Freude leben wir unsere Liebe zu Ihm; darum kann Pflicht Freude sein.

Herr,
ich habe Zeit.
Ich habe meine Zeit für mich.
Alle Zeit, die du mir gibst,
die Jahre meines Lebens,
die Tage meiner Jahre,
die Stunden meiner Tage,
sie gehören mir.
An mir ist es, sie zu füllen,
ruhig und gelassen,
aber sie ganz zu füllen,
bis zum Rande,
um sie dir darzubringen,
damit du aus ihrem schalen Wasser
einen edlen Wein machst,
wie du es einst tatest, zu Kana,
für die Hochzeit der Menschen.
Herr, ich bitte dich heute
nicht um die Zeit,
dieses und dann noch jenes zu tun.
Ich bitte dich um die Gnade,
in der Zeit, die du mir gibst,
gewissenhaft das zu tun,
was du willst, das ich tun soll.

Jeden Tag, an dem man Liebe erfährt, sei sie auch noch so unbeholfen und klein, und jeden Tag, an dem man sich traut, noch zu lieben, sei es auch noch so zaghaft und zögernd, sollten wir feiern.

Verantwortung ohne Liebe macht rücksichtslos

Da sprach der Herr zu Kain: Wo ist dein Bruder Abel?
Er sprach: Ich weiß nicht; soll ich meines Bruders Hüter sein?
1. Mos. 4,9

Zwei Plätze blieben leer

Solange ich mit dem ‚4' fahre, ist der Bus um diese Zeit überfüllt, und keiner der Fahrgäste, die im Gang zusammengedrängt stehen, rührt sich von der Stelle, wenn der Schaffner ruft: „Bitte nach vorn gehen!" Die meisten sind „Stammgäste". Weil sie täglich zur selben Zeit mit diesem Bus fahren, haben sie hier eine Art Heimatrecht erworben und denken, uns hat hier niemand mehr etwas zu sagen. So nützt alles Bitten und Rufen der Schaffner nichts.

Gestern abend aber kam plötzlich Bewegung in die lange Doppelreihe. Alles drängte nach vorn und machte Platz. Zwei Mädchen hatten es so eilig, daß sie ihren Vordermann direkt vor sich her schoben. Und da sehe ich auch schon, warum sie alle Platz machen. Am Astoria ist ein Mann zugestiegen, der ein furchtbar entstelltes Gesicht hat. Brandwunden oder eine Hautkrankheit könnten die Ursache gewesen sein. Niemand mag genau hinsehen, alle weichen einfach vor ihm aus. So steht der Mann allein in der Mitte des Ganges. Er hat keinen Vorder- und keinen Hintermann, während sich einige Schritte vor ihm und hinter ihm die Fahrgäste zusammenballen wie Trauben.

Jetzt merken das auch die Leute, die rechts und links von seinem Stehplatz sitzen. Und kaum daß sie zu ihm aufgeschaut haben, sind sie auch schon von ihren Plätzen weg.

Der entstellte Mann setzt sich nicht,

P.M-B.

obwohl er zwei Sitzplätze zur Auswahl hat. Er weiß genau, daß dann auch sein Nebenmann sofort den Platz räumen wird. Wie oft mag er es schon ertragen haben, daß die Leute vor ihm die Flucht ergriffen! Und was muß im Herzen eines solchen Menschen vorgehen? Ob er sich wohl damit abfindet, so von anderen gemieden zu werden?

Und da geschah das Unfaßbare. Ein Arbeiter, der bislang vorn neben dem Ausgang saß und der alles genau beobachten konnte, weil er einen Seitenplatz mit dem Rücken zur Wand hatte, steht auf und geht zu dem Mann, den alle meiden. Er setzt sich mit ihm, zieht eine Tüte mit Zigarren aus seiner Lederjacke und bietet dem Entstellten eine an. Der hat Not beim Sprechen, weil ihm die Lippen fehlen. Der Arbeiter zieht dann eine Zeitung heraus und zeigt ihm darin etwas. Offenbar einen Witz, denn er lacht selber herzhaft. Dann sehen sie beide miteinander die Zeitung an. Kopf an Kopf.

Drei Haltestellen später, an der Umsteigehaltestelle zur ‚5', steigen die meisten Leute aus, auch der Arbeiter. Da höre ich, wie ihn seine Kollegen fragen, wovon der Mann so entstellt sei. „Was weiß ich?" sagt der Arbeiter. „Ich habe den Mann heute auch zum ersten Male gesehen." – „Na, hör mal, Otto, du willst doch wohl nicht behaupten, daß du den nicht kennst und dich zu ihm setzt und ihm eine Zigarre gibst und daß ihr zwei wie alte Kumpels miteinander schnackt, wenn du ihn nicht kennst?" wendet da einer ein.

Darauf der Arbeiter: „Hast du nicht gesehen, wie sie den armen Kerl schneiden? Versetz dich mal in seine Haut! Was glaubst du, wie der sich gefreut hat, daß mal einer mit ihm redet!"

An diesem Abend wurde mir klar, wie wenig und wie viel dazu gehört, ein „Barmherziger Samariter" zu sein und seinen Mitmenschen ein Bruder.

Rudolf Hempel

Gerechtigkeit ohne Liebe macht hart

Jesus erzählte dazu seinen Jüngern eine Geschichte – die Geschichte vom Pharisäer und Zöllner.
Da steht ein Gerechter im Tempel und dankt Gott. Der Mann ist eigentlich ganz in Ordnung. Er hat noch keinen überfallen oder beraubt, er hat niemanden betrogen, in seiner Ehe gibt es keine besonderen Probleme, und so unberechenbar eigennützig wie ein Zöllner ist er auch nicht. Er übt Enthaltsamkeit und spendet reichlich für die Armen. Er ist ein guter Mensch – ein Gerechter – einer, dem niemand etwas nachsagen kann, der nicht ins Gerede kommt. Gott könnte seine Freude an ihm haben – darüber ist er dankbar und zufrieden.
Ganz deutlich sichtbar steht er da im Tempel – er hat ja auch nichts zu verbergen – er kann sich sehen lassen – er mit seiner weißen Weste.
Natürlich: Wenn er wäre wie der Zöllner, dann würde er auch abseits stehen. Er würde sich auch nicht ins Licht der Öffentlichkeit trauen. Er würde wie der keinen anzusehen wagen, und vor Gott würde er schamrot werden. Aber so ist er ja nicht, wie der betrügerische Zöllner, den er nicht mag – den er verachtet – den er links liegenläßt. Er ist gerecht – bei ihm ist alles klar – er kann doch stolz auf sich sein! Er ist gerecht – er braucht keine Barmherzigkeit – wenn alle so wären wie er, dann wäre die Welt in Ordnung. Und wenn viele nicht so sind wie er – dann liegt das doch nicht an ihm – schließlich muß jeder selbst sehen, wo er bleibt. Von Liebe sollte man da nicht reden. Liebe gehört in den ganz privaten Bereich. Wo es um Gerechtigkeit geht, ist Liebe nur störend, verwischt sie die klaren Fronten. Man kann doch nicht einfach fünf gerade sein lassen – Recht muß doch Recht bleiben – wo kämen wir sonst hin? So steht er da, der Gerechte – Mahner für Recht und Ordnung – ein lebendiger Vorwurf gegen alle Schwachen und Sünder.
Solche Gerechten kennen wir doch! Solches Gerechtsein ist uns doch nicht fremd. Mit dem langen Finger des Gerechten zeigen wir auf die Fehler der

anderen und freuen uns, daß wir nicht sind wie sie. Von solcher Gerechtigkeit leben die Klatschspalten in den Zeitungen, die Fehler der anderen sind der Stoff vieler Gespräche. Aus dem, was unsere Gerechtigkeit ist, werden unsere Vorurteile geboren, brandmarken wir das uns Fremde. Denn schließlich haben auch wir unsere Grundsätze – müssen auch wir uns an die Spielregeln halten. So verkriechen wir uns in den Panzer unserer Gerechtigkeit. Da sind wir sicher – da kommt keiner ran. Doch wächst da nicht die Gefahr, daß wir bald nicht mehr rauskommen aus unserem Panzer, daß wir erstickt werden von unserer Gerechtigkeit, daß wir verdursten und vertrocknen ohne Liebe? Nicht alle Rechtschaffenen schaffen Recht, aber alle Liebenden schaffen die Wärme, die zum Gedeihen des Lebens nötig ist. Erst wenn unsere Gerechtigkeit von der Liebe bestimmt ist, werden wir erspüren, daß Barmherzigkeit mehr ist als Opfer. Wir werden weiter Sünde und Ungerechtigkeit hassen, aber den Sünder und den Ungerechten in unserer Liebe bergen.

Man überschätzt leicht das eigene Wirken und Tun
in seiner Wichtigkeit gegenüber dem,
was man durch andere geworden ist.

Dietrich Bonhoeffer

Zu viele leben im Panzer ihrer Gerechtigkeit,
zu vielen versteinerte das Herz,
zu viele sehen auf ihren eigenen Weg,
bei zu vielen muß das Weltbild stimmen.
Liebende leben von der Vergebung.
Nur unsere Liebe gibt Zeugnis von dem,
der seine Gerechtigkeit in seiner Liebe verbarg.

Gott wirkt durch deine Hände:
Du kannst sie öffnen oder schließen,
du kannst zärtlich sein
oder Fäuste ballen.
Brichst du dem Hungrigen dein Brot
und stützt du den Schwachen,
dann bringst du Liebe in die Welt,
und Güte,
und Gott.

Wenn du die Faust ballst,
wenn du von dir stößt,
einen, der dich braucht –
dann werden sie fragen:
„Wo ist Gott in dieser Welt?“

Wenn wir Kriege führen,
einander unglücklich machen,
statt Brot Panzer bezahlen –
dann werden sie fragen:
„Wo ist Gott in dieser Welt?“

Gott wirkt durch deine Hände –
so oder so.
Wenn deine Hände segnen,
werden sie seinen Namen segnen,
wenn deine Hände Fluch bringen,
werden sie seinem Namen fluchen.

Gott braucht deine Hände,
deine Augen, deinen Mund.
Gott braucht die Mütter,
um durch sie Liebe zu lehren,
Gott braucht die Liebenden,
um durch sie Liebe zu schenken.

Erst wenn Gott durch unsere Liebe
in dieser Welt wirkt,
können wir glaubwürdig
von Gott sprechen.

Peter Paul Kaspar

Wer ist der Sünder?

Es waren einmal zehn Bauern, die gingen miteinander über das Feld. Sie wurden von einem schweren Gewitter überrascht und flüchteten sich in einen halb zerfallenen Tempel. Der Donner aber kam immer näher, und es war ein Getöse, daß die Luft ringsum erzitterte. Kreisend fuhr ein Blitz fortwährend um den Tempel her.

Die Bauern fürchteten sich sehr und dachten, es müsse wohl ein Sünder unter ihnen sein, den der Donner schlagen wolle. Um herauszubringen, wer es sei, machten sie aus, ihre Strohhüte vor die Tür zu hängen; wessen Hut weggeweht werde, der solle sich dem Schicksal stellen.

Kaum waren die Hüte draußen, so ward auch einer weggeweht, und mitleidlos stießen die anderen den Unglücklichen vor die Tür. Als er aber den Tempel verlassen hatte, da hörte der Blitz zu kreisen auf und schlug krachend ein.

Der eine, den sie verstoßen hatten, war der einzige Gerechte gewesen, um dessentwillen der Blitz das Haus verschonte. So mußten die neun ihre Hartherzigkeit mit dem Leben bezahlen.

Aus einem chinesischen Märchen

Seine Grundsätze soll man für die wenigen Augenblicke aufsparen, in denen es auf Grundsätze ankommt. Für das meiste genügt ein wenig Barmherzigkeit.

Albert Camus

Klugheit ohne Liebe macht grausam

Ein verständiger Mann trägt nicht Klugheit zur Schau. Spr. 12,23

Jeder Mensch lebt auf zwei Ebenen. Auf der einen leistet man etwas, das von andern gesehen und beurteilt wird. Da hat man Erfolg oder Mißerfolg, da wird man getrieben von Ehrgeiz und Machtwillen und Besitzgier und Eigennutz und Eitelkeit, und man ist in Unruhe und verzettelt sich in lauter Betrieb. Auf der anderen Ebene sieht einen ein anderes Auge, und man wird mit einem andern Maßstab gemessen, der läßt nichts gelten als das, was ganz ohne Berechnung getan wird, ganz ohne Egoismus, aus keinem anderen Motiv als dem der Liebe und der Freude. Ich bin von der einen Ebene auf die andere gesprungen, von der Erde in den Himmel."

Diese Worte sagt in Luise Rinsers Erzählung über Franz von Assisi ein Professor, der sich der Bewegung des Franz angeschlossen hat, zu einem jungen klugen Reporter, der herausfinden möchte, was es mit diesen Fantasten der Nächstenliebe auf sich hat. Auf sein Bestreben, mit den Mitteln des Journalismus der Sache auf den Grund zu gehen, wird ihm erklärt:

„Sehen? Da sieht man nichts. Das muß man mitleben und nicht nur für einen Tag und drei Wochen, sondern für immer, ohne auch nur ein einziges Mal zu kneifen."

In der Spannung von Klugheit und Liebe spiegelt sich der Unterschied von Wissen und Verstehen. Manche Menschen wissen viel, aber sie verstehen wenig – manche hingegen wissen nur wenig, aber sie verstehen fast alles. Davon lesen wir auch im Neuen Testament. Vielen klugen Leuten begegnet Jesus – doch kaum einer von ihnen versteht ihn in der Unergründlichkeit seiner Liebe. Nur jene einfachen Leute, die dem Ruf in die Nachfolge keine klugen Argumente entgegensetzen, erfahren, wer er in Wahrheit ist.

Manch ein kluger Mensch ist uns unheimlich, weil er alles zu seinem Vorteil

21

zu deuten und zu wenden vermag – er verfällt der Eitelkeit des Überlegenen, aber dem, was Menschlichkeit und Leben bedeutet, ist er unendlich fern. Solcherart kluge Menschen gebärden sich gern, als hätten sie die Wahrheit gepachtet, denn sie verwechseln zu ihren Gunsten Wissen und Wahrheit. Sie bedenken nicht gern, daß man dem andern „die Wahrheit wie einen Mantel hinhalten sollte, daß er hineinschlüpfen kann, sondern schlagen sie ihm wie einen nassen Lappen um die Ohren" (Max Frisch). Eine Wahrheit auf Kosten der Liebe aber ist keine Wahrheit, weil sie Leben zerstört.

Dietrich Bonhoeffer schreibt dazu: Wem die Wahrnehmungsfähigkeit der Liebe fehlt, der ist trotz allen Wissens und bei aller Argumentationsschärfe in Wahrheit nicht klug – schlau sollte man ihn besser nennen, denn Klugheit umfaßt die Erkenntnis, daß zum Leben des Menschen die Liebe zum Nächsten gehört. Wer hält stand? Allein der, dem nicht seine Vernunft, sein Wissen, seine Freiheit, seine Tugend der letzte Maßstab ist, sondern der dies alles zu opfern bereit ist, wenn er im Glauben und in alleiniger Bindung an Gott zu gehorsamer und verantwortlicher Tat gerufen ist.

Wenn andre klüger sind als wir, das macht uns selten ein Pläsier,
doch die Gewißheit, daß sie dümmer, erfreut fast immer.

Wilhelm Busch

Freundlichkeit ohne Liebe macht heuchlerisch

Die guten Bekannten

Ein Mensch begegnet einem
zweiten.
Sie wechseln Förm- und Herzlich-
keiten,
Sie zeigen Wiedersehensglück
Und gehn zusammen gar ein
Stück.
Und während sie die Stadt durch-
wandern,
Sucht einer heimlich von dem
andern
Mit ungeheurer Hinterlist
Herauszubringen, wer er ist.
Daß sie sich kennen, das steht fest,
Doch äußerst dunkel bleibt der
Rest.
Das Wo und Wann, das Wie und
Wer,
Das wissen alle zwei nicht mehr.
Doch sind sie, als sie nun sich
trennen,
Zu feig, die Wahrheit zu bekennen.
Sie freun sich, daß sie sich
getroffen;
Jedoch im Herzen beide hoffen,
Indes sie ihren Abschied segnen,
Einander nie mehr zu begegnen.

Eugen Roth

Zur Feier eines Firmenjubiläums waren viele Gäste eingeladen – nur wenige kannten sich etwas näher – die meisten waren einander fremd. So war ich erstaunt über die große Freundlichkeit, mit der man einander begegnete. Sehr bald kam auch jemand auf mich zu mit einem fröhlichen „Hallo, wie geht's?“
Ich war angenehm berührt, aber ehe ich antworten konnte, hatte er sich schon mit der gleichen Frage an den nächsten gewandt. Dann kam wieder jemand – er fragte dasselbe, aber seine

Haltung zeigte, er wollte gar nicht wissen, wie es mir geht. Alle waren voller Freundlichkeit – aber keiner hatte Interesse am anderen. Beim dritten Frager antwortete ich schon schnell: es geht. Aber es geht nicht.
Im Galaterbrief nennt der Apostel Paulus die Freundlichkeit eine Frucht des Geistes. Er wird wohl auch solche Menschen gekannt haben, denen eine lieblose Freundlichkeit auf das Gesicht gefroren war. Davon hält er nichts – und er tut recht daran. Aber eine aus dem Geist Gottes, dem Geist der Liebe geborene Freundlichkeit gefällt ihm sehr, denn sie ist ein Schlüssel zum Herzen des Nächsten.
„Die Christen sollen ein fein tapfer Volk sein und doch freundlich, daß eine ernste Freundlichkeit und ein freundlicher Ernst sei, wie Christi Leben uns im Evangelium vorgebildet ist."
So schrieb der Reformator Martin Luther. Er meinte jene heitere Freundlichkeit im Umgang mit dem Nächsten, die sich von allem mürrischen Wesen freihält und die, weil sie von Herzen kommt, auch als Liebenswürdigkeit bezeichnet werden könnte. Solche Freundlichkeit, das wußte schon der Weise Salomo, überbrückt viele Gräben, die den Menschen vom Menschen trennen.
In den Sprüchen steht:

Sorge im Herzen bedrückt den Menschen; aber ein freundliches Wort erfreut ihn.

Freundliche Reden sind Honigseim, trösten die Seele und erfrischen die Gebeine.

Salomo aber kannte auch schon jene Freundlichkeit, die unsere Herzen frieren läßt. Sie verstellt nur Gesicht und Stimme wie der Wolf bei den 7 Geißlein, aber sie läßt die herzliche Anteilnahme vermissen. Wie anders wäre wohl seine Warnung zu verstehen: Iß nicht bei einem Neidischen, und wünsche dir von seinen feinen Speisen nichts, denn in seinem Herzen ist er berechnend; er spricht zu dir: Iß und trink!, und sein Herz ist doch nicht mit dir! . . . deine freundlichen Worte sind verloren. (Spr. 23, 6–8)
Das meinte wohl auch Martin Luther

mit dem Satz: Alle falsche Freundlichkeit geht darauf aus, um so bessere Gelegenheit zu haben, jemandem zu schaden.
Wie freundlich redete Jesus mit seinen Jüngern – wie schnell öffnete er sich den Weg zu den Herzen der Armen und Kranken und Schuldbeladenen mit seiner großen Freundlichkeit. Er sagte nicht: Wie geht's?, nur um schnell weiterzugehen – er sagte: Was soll ich für dich tun?, weil ihm keiner gleichgültig war, weil er die liebte, die ihn brauchten. Bei Antoine de Saint-Exupéry lesen wir: „Christen sollen nicht unfreundlich und launisch sein, sondern sanftmütig, gütig und leutselig; es sollen Menschen sein, mit denen jeder gern umgeht, die die Fehler ihrer Mitmenschen nicht auf die Goldwaage legen, ja sie sogar zum Guten wenden."

Als ich heute abend in der Einöde meiner Liebe einherging, begegnete ich einem kleinen Mädchen in Tränen. Ich bog seinen Kopf zurück, um in seinen Augen zu lesen. Und sein Kummer hat mich geblendet. Wenn ich es ablehne, Herr, ihn kennenzulernen, lehne ich einen Teil der Welt ab und habe mein Werk nicht vollendet. Es geht nicht darum, daß ich mich von meinen großen Zielen abwende, aber es gilt dieses kleine Mädchen zu trösten! Denn nur dann geht alles gut in der Welt.

Antoine de Saint-Exupéry

Ordnung ohne Liebe macht kleinlich

Da ging Jesus eines Tages mit seinen Jüngern durch ein Kornfeld – so berichtet der Evangelist Matthäus: Die Ähren waren reif und voll – den Jüngern knurrte der Magen, weil sie schon längere Zeit nichts zu essen hatten. So streiften sie, wie damals in Palästina üblich und erlaubt, am Wegrand einige Ähren ab, rieben die Körner heraus und aßen sie, um ihren Hunger zu stillen. Es war aber ein Sabbat, und nach den Ordnungen und Regeln dieses Tages galt ihr Tun als Ernten, und dies nun war am Sabbat nicht erlaubt. Einige um Recht und Ordnung besonders bemühte Menschen – Pharisäer genannt – brachten denn auch gleich ihren Unmut über solche Mißachtung der Sabbatregeln Jesus gegenüber zum Ausdruck: Sieh dir das nur an – deine Jünger tun, was am Sabbat nicht erlaubt ist. So geht das nicht. Das ist gegen die Ordnung. Diese Pharisäer verstanden dann auch nicht, was Jesus zugunsten seiner Jünger sagte. Es war ihnen verdächtig, wie er die Menschlichkeit gegen die Ordnung ins Spiel brachte, und sie kamen zum Schluß, daß man einen solchen, der sich nicht an die Spielregeln hielt, nicht frei gewähren lassen konnte.

Auf einer Urlaubsreise mit dem Wagen ins Ausland hatten wir uns in unserem Zielort restlos verfahren, so daß wir unsere gebuchte Unterkunft nicht finden konnten. Durch das Gewirr von Einbahnstraßen halfen uns auch nicht die Gesten der hilfsbereiten Einheimischen. Endlich entdeckten wir eine Touristeninformation. Aber ausgerechnet dort war ein Halteverbot. In unserer Not hielten wir dort. Eine Polizeistreife, die dies sah, forderte uns zur Weiterfahrt auf. Mühsam erklärte ich, worin unsere Schwierigkeit bestand, und zeigte den beiden Polizisten einen Zettel mit der Anschrift unserer Pension. Sie verständigten sich kurz untereinander, und dann machten sie durch Zeichen deutlich, daß wir ihnen folgen sollten. Langsam fuhren sie vor uns durch die verwinkelten schmalen Straßen und brachten uns sicher ans Ziel. Statt eines Strafmandats hatten wir Hilfe gefunden, und obendrein war – wenn auch auf ungewöhnliche Weise – die Ordnung wieder hergestellt. So einfach, dachte ich, ist das mit der Ordnung und mit der Liebe.

Natürlich – Ordnung muß sein –, sie erleichtert manches im Leben. Bei der Straßenverkehrsordnung leuchtet das noch am meisten ein. Die Verkehrsampeln verhüten Unfälle. Kein Autofahrer protestiert gegen sie. Keiner sagt, der Mensch sei intelligent und erwachsen genug, um das alles allein zu regeln.
Auch eine Tagesordnung finden wir normal und hilfreich. Eine Aktenordnung läßt uns einen Brief schneller finden, den wir suchen, und eine Hausordnung regelt das Miteinander der Mietparteien. Selbst die christliche Gemeinde hat ihre Ordnungen – für den Gottesdienst, den Dienst am Nächsten, den Kirchenvorstand und die Gemeindeversammlung. Das ist auch gut so, denn Ordnung gibt Sicherheit, sie klärt die Zuständigkeiten, sie beugt gegenseitiger Belästigung vor und leitet alles in geregelte Bahnen. Das ist wichtig – damit sollten wir es uns nicht allzu leicht machen.
Und so gibt es genug Menschen, die sorgfältig auf die Ordnung achten – viele so wie die Pharisäer bei Jesus und den Jüngern mit kleinlicher Genauigkeit – einige so wie die beiden Polizisten an unserem Urlaubsort mit menschlicher Gelassenheit. Ich weiß nicht, ob die beiden das Neue Testament gut kannten. Jedenfalls waren sie beispielhaft für eine Auslegung des Jesuswortes vom Sabbat, der um des Menschen willen gemacht ist. Für eine Ordnung, die nur durch die Liebe menschlich wird.

G. Doré
PANNEMAKER-DOMS

Ein ruhiges Haus …

… sagen Sie? Ja, jetzt ist es ein ruhiges Haus. Aber noch vor kurzem war es die Hölle. Über uns und unter uns Familien mit kleinen Kindern, stellen Sie sich das vor. Das Geheul und Geschrei, die Streitereien, das Trampeln und Scharren der kleinen zornigen Füße. Zuerst haben wir nur den Besenstiel gegen den Fußboden und gegen die Decke gestoßen. Als das nichts half, hat mein Mann telefoniert. Ja, entschuldigen Sie, haben die Eltern gesagt, die Kleine zahnt, oder die Zwillinge lernen gerade laufen.

Natürlich haben wir uns mit solchen Ausreden nicht zufriedengegeben. Mein Mann hat sich beim Hauswirt beschwert, jede Woche einmal, dann war das Maß voll. Der Hauswirt hat den Leuten oben und den Leuten unten Briefe geschrieben und ihnen mit der fristlosen Kündigung gedroht. Danach ist es gleich besser geworden. Wie sie die Kinder zum Schweigen gebracht haben? Ja, genau weiß ich das nicht. Ich glaube, sie binden sie jetzt an den Bettpfosten fest, so daß sie nur kriechen können. Das macht weniger Lärm. Wahrscheinlich bekommen sie starke Beruhigungsmittel. Sie schreien und juchzen nicht mehr, sondern plappern nur noch vor sich hin, ganz leise, wie im Schlaf. Jetzt grüßen wir die Eltern wieder, wenn wir ihnen auf der Treppe begegnen. Wie geht es den Kindern, fragen wir sogar. Gut, sagen die Eltern. Warum sie dabei Tränen in den Augen haben, weiß ich nicht.

Marie Luise Kaschnitz

Jesus spricht: Was ihr nicht getan habt einem unter diesen Geringsten, das habt ihr mir auch nicht getan.

Matthäus 25,45

Ehre ohne Liebe macht hochmütig

Jesus redet eines Tages mit seinen Jüngern und anderen, die dabei waren, über die Schriftgelehrten und Pharisäer. Er schildert sie als kluge Menschen, deren Worte man wohl beachten sollte, aber er beklagt ihren Ehrgeiz, der sie dazu verleitet, die Barmherzigkeit beiseite zu lassen.
So steht es in Matthäus 23:
„Ihre Werke tun sie, damit sie von den Leuten gesehen werden – sie sitzen gern obenan bei Tisch und in den Synagogen und haben's gern, daß sie auf dem Markt begrüßt und von den Leuten Rabbi genannt werden."
Ob er nur die Schriftgelehrten und Pharisäer gemeint hat? Tut es nicht auch mir ganz gut, wenn ich nicht übersehen werde, wenn mir ein Ehrenplatz angeboten wird, wenn andere meine Leistung loben? Lieber hören wir schon das Wort des Paulus an die Römer: „Ehre, dem die Ehre gebührt" und beziehen es gern auch auf uns, denn Anerkennung und Lob braucht jeder Mensch, und nichts kränkt uns mehr, als wenn wir uns in unserer Ehre verletzt fühlen. Schließlich spricht die Bibel ja auch davon, daß wir „einander mit Ehrerbietung zuvorkommen". Manchmal sollten wir wohl gerade in der christlichen Gemeinde einander ein wenig mehr anerkennen – uns durch Lob ermuntern und auf die Ehre des anderen bedacht sein.
Wenn wir anfangen, einander zu beobachten, zu beurteilen und einzuordnen, wenn wir zu prüfen beginnen, ob uns nicht ein wenig mehr Ehre zusteht als dem Nächsten, wenn in unserem Streben nach Ehre und Anerkennung die Liebe auf der Strecke bleibt, dann muß uns Jesu Wort in Markus 10,43 zur Besinnung rufen: „Wer unter euch besondere Anerkennung gewinnen will, der soll euer Diener sein."

Abstufungen beim Ziehen des Hutes

Die meisten Männer in Deutschland werden nichts dagegen einzuwenden haben, daß es uns nach dem letzten Krieg gestattet war, den Stahlhelm gegen den weichen Hut aus Filz einzutauschen. Neben anderen Vorzügen besitzt der Filzhut den Vorteil, daß man ihn zur freundlichen Begrüßung eines Bekannten vom Kopfe nehmen kann – was mit einem Stahlhelm zu tun seinerzeit als schlimmer Frevel erschienen wäre.

Mit der Möglichkeit jedoch, Freunde, Bekannte und Vorgesetzte mit dem Hut in der Hand zu begrüßen, hat sich ein Problem ergeben. Beim Ziehen des Hutes sind nämlich feine Abstufungen möglich. Vom lässigen Tippen an die Hutkrempe bis zur untertänigen Geste gibt es eine ganze Skala von Möglichkeiten. Für den kleinen Mann auf der Straße das lässige Tippen, für den Einflußreichen die untertänige Geste! Diesen Unterschied kann man häufig beobachten und dabei feststellen, daß wir in Deutschland das Denken in Klassen und Rangstufen noch immer nicht überwunden haben.

Was für eine Torheit, diese mit Hilfe gezogener Hüte ausgeübte Unterscheidung von Begrüßenswerten und weniger Begrüßenswerten! Der Wert eines Menschen hängt schließlich nicht von der Position ab, die er erreicht hat. Es gibt Arbeiter, die vielseitig interessiert sind, die ein Problem sachlich und sorgfältig durchdenken, die bei Äußerungen über Abwesende vornehm bleiben und damit beweisen, daß sie zu den gebildeten Menschen zählen. Und es gibt andererseits Akademiker, deren Interesse sich mit dem Erzählen von Herrenwitzen und beim Studium der Speisekarte erschöpft. Gebildete – Menschen, die über Herzensbildung verfügen, gibt es in allen Berufen und Ständen; Ungebildete auch. Die Fassade gibt nicht den Ausschlag; es kommt auf den Menschen an, wobei es keine Rolle spielt, ob er am Arbeitsplatz einen Monteurkittel oder einen Maßanzug trägt. Die Bibel drückt das so aus:

„Der Mensch sieht, was vor Augen ist, aber Gott sieht das Herz an."
Mit diesem Bibelwort ist nichts zugunsten der weitverbreiteten Stimmung gesagt, die sich gegen „die da oben" richtet. Auch der Chef ist ein Mensch, der seine Probleme und Sorgen hat. Der vor seinen Augen ehrerbietig gezogene Hut nützt ihm gar nichts, wenn hinter seinem Rücken kritisiert und gelästert wird. Die kleinliche Nörgelei hinter dem Rücken des Betroffenen ist auch nicht besser als die mit dem Hute in der Hand zur Schau getragene Unterwürfigkeit.
„Der Mensch sieht, was vor Augen ist, Gott aber sieht das Herz an." Deshalb braucht sich niemand den weithin üblichen und eigentlich unmenschlichen Maßstäben zu unterwerfen, die verlangen, daß der Mensch an seinem Geldbeutel oder nach dem Auto beurteilt wird, das er fährt. „Er ist ein Mensch, ein wirklicher Mensch", das ist das Beste, was man über einen anderen sagen kann.

Hans Lubkoll

Besitz ohne Liebe macht geizig

Jesus war kein Nationalökonom, er kannte keine Statistik, er dachte nicht an Gesetze, er politisierte nicht, aber er hatte für das sittlich Unerträgliche die offensten Augen, die es je gegeben hat. Unerträglich aber war seinem zarten und tiefen Gefühl das Nebeneinander von Überfluß und Mangel. Was heute tausend Gewohnheitschristen ohne Grauen täglich ansehen können, daß Schwelgerei und Hunger in derselben Straße wohnen, das beunruhigte die Seele Jesu. Wenn es ihn nicht beunruhigt hätte, so würde er nicht immer wieder von reich und arm geredet haben, so hätte er nicht den Mann im Purpur und den Mann mit den Schwären zu einem ewigen Bilde vereinigt. Dieses sagte Friedrich Naumann, Pfarrer und Sozialpolitiker der Jahrhundertwende.

In einer Weihnachtsgeschichte schildert der englische Romanschriftsteller Charles Dickens den Geizhals Scrooge. Er ist habgierig und egoistisch. Hin und wieder erscheint ihm – fast wie ein zweites Ich – der Geist des verstorbenen Teilhabers, des Wucherers Marley. Einmal spricht Scrooge mit ihm über seine Geschäfte. Doch Marley erklärt ihm traurig:

„Die Geschäfte! Mein Geschäft hätte darin bestehen sollen, mehr Menschlichkeit zu besitzen. Um das Gemeinwohl, Liebe und Güte, darum hätte ich mich mehr kümmern sollen. Ich lebte unter meinen Mitmenschen, die Augen stets auf den Boden gerichtet. Warum habe ich nie aufgeblickt zu dem legendären Stern, der die Weisen zu einem Stall führte? Es hätte sicher noch andere arme Hütten gegeben, zu denen mich sein Licht hätte geleiten können!"

Arme Hütten gibt es auch bei uns. Menschen, die nach Menschlichkeit hungern, sind oft unsere Nachbarn. Wir haben viele Gelegenheiten, unsere Nächstenliebe zu zeigen. Nur selten sind dafür große und aufregende Aktionen nötig. Teilnehmen lassen an dem, was wir haben, ist meistens ein Alltagsgeschäft. Wir haben Zeit – nutzen wir sie dazu,

einem einsamen Alten zuzuhören oder einen Brief für ihn zu schreiben. Wir haben Familie – wir können die Aussiedlerfamilie, die neu in unsere Gegend kam, einmal einladen und ihr Gemeinschaft schenken.
Wir haben bezahlte Arbeit – helfen wir mit, daß unser Nachbar daran teilhat. Wir haben gute Kenntnis der deutschen Sprache und unserer Gesetze – begleiten wir den Ausländer von nebenan auf seinen Behördengängen. Wir haben genügend Geld und gut zu essen – es gibt Menschen in unserer Nähe, die das nicht haben, die unserer Hilfe bedürfen.

Wenn wir bedenken, was alles wir Gott zu verdanken haben, wird es uns leichter, unseren Reichtum zu teilen.

Am Ende die Rechnung

Einmal wird uns gewiß
die Rechnung präsentiert
für den Sonnenschein
und das Rauschen der Blätter,
die sanften Maiglöckchen
und die dunklen Tannen,
für den Schnee und den Wind,
den Vogelflug und das Gras
und die Schmetterlinge,
für die Luft,
die wir geatmet haben,
und den Blick auf die Sterne
und für alle die Tage,
die Abende und die Nächte.
Einmal wird es Zeit,
daß wir aufbrechen und
bezahlen.
Bitte die Rechnung.
Doch wir haben sie
ohne den Wirt gemacht:
Ich habe euch eingeladen,
sagt der und lacht,
soweit die Erde reicht:
Es war mir ein Vergnügen!

Lothar Zenetti

Von der Barmherzigkeit

Vor einiger Zeit saß ich mit zwei Wirtschaftsmanagern zusammen. Einer von ihnen leitet ein großes deutsches Unternehmen, der andere lebt im Auftrag seiner Firma seit vielen Jahren in Mexiko. Zunächst berichtete dieser voller Sorgen über die große Verelendung unter der mexikanischen Bevölkerung, dann aber wandte sich das Gespräch einem großen Industriellen zu, der sich aus kleinen Anfängen hochgearbeitet hatte und der heute – über 80jährig – einem Weltkonzern vorsteht. Bewundernd sagte der deutsche Unternehmer: „Von den Ärmsten ist der weit weg." „Ja", nahm der Mann aus Mexiko diesen Satz auf, „von den Ärmsten ist der weit weg" – aber bei ihm klang das recht nachdenklich.

Den Namen des Industriellen, den die beiden meinten, kennt die halbe Welt – die Elenden und Armen aber haben für uns keinen Namen.

In den Berichten des Neuen Testaments über Jesus ist das ganz anders. Da hören wir von einem Blinden, der Bartimäus hieß, und von einem Armen mit Namen Lazarus. Die Namen derjenigen, denen der blinde Bartimäus lästig war, und den des Reichen, der sich vom Elend des Lazarus nicht anrühren ließ, kennen wir nicht. Nur wer den Armen und Elenden nahe bleibt, behält vor Gott seinen Namen.

Das liegt wohl daran, daß Jesus den Armen näher stand als den Reichen, den Kranken näher als den Gesunden, den Schuldbeladenen näher als den Gerechten, den Versagern näher als den Erfolgsgewohnten. Für ihn kommt es also darauf an, von den Ärmsten nicht so weit weg zu sein. Er zeigt uns, daß die Elenden, die Gescheiterten für uns wichtig sind, daß das, was vor unserer Tür geschieht, uns angeht. Und doch ist es so, daß auch uns der Umgang mit den Wohlhabenden und Angesehenen, mit den Tonangebenden angenehmer und sicher auch nützlicher ist als die Nähe zu denen, die aus der Bahn geworfen sind, die keinen Halt mehr haben, die vor den Türen des Wohlstandes liegen.

Nur allzu oft bleibt auch bei uns das Er-

barmen auf der Strecke, weil wir bestrebt sind, gut über die Runden zu kommen. Er aber sagt: Selig sind die Barmherzigen, denn sie werden Barmherzigkeit erfahren.
Es gibt viel Elend, viel Einsamkeit und viel Angst in aller Welt und in meiner Nähe. Darum bete ich mit einem Dichter unserer Tage:

„Herr gib, daß es mir niemals fehlt an dem, wonach ihr Herz sich quält: ein bißchen Brot und viel Erbarmen.“

Geld ist seine Gottheit

Ein Südseehäuptling erzählt nach einer Europareise seinem Volk: „Sprich einem Europäer vom Gott der Liebe – er verzieht sein Gesicht und lächelt. Lächelt über die Einfalt deines Denkens. Reich ihm aber ein blankes, rundes Stück Metall oder ein großes, schweres Papier – allsogleich leuchten seine Augen, und viel Speichel tritt auf seine Lippen. Geld ist seine Liebe, Geld ist seine Gottheit. Es gibt viele Weiße, deren Augen sind blind geworden vom Zählen des Geldes. Es gibt viele, die haben ihre Freude hingegeben um Geld, ihr Lachen, ihre Ehre, ihr Gewissen, ihr Glück, ja, Weib und Kind. Fast alle geben ihre Gesundheit dafür. Es ist dir aber auch in den Ländern des Weißen nicht möglich, auch nur einmal von Sonnenaufgang bis Sonnenuntergang ohne Geld zu sein. Du muß zahlen für alles.“

Erich Scheurmann

Glaube ohne Liebe macht fanatisch

So wie eine Kerze an der Flamme einer anderen angezündet wird,
so entfacht sich Glaube am Glauben. Gewiß ist Gott es, der ihn wirkt,
aber er wirkt ihn im Menschenwesen.
Und so ist der Mensch dem Menschen Weg zu Gott.

Romano Guardini

In einer belebten Geschäftsstraße zog eine Gruppe junger Leute die Aufmerksamkeit der Passanten auf sich. Eben hatten sie noch ein Lied gesungen, und nun begann einer von ihnen mit lauter Stimme von der Sünde der Welt und von der Errettung durch Jesus zu reden. Er erinnerte daran, wieviel Geld seine vorübergehenden Zuhörer in dieser Straße für unnütze Dinge ausgeben würden und wieviel segenstiftender dieses Geld für die Verkündigung des ewigen Heils verwendet werden könnte. So unrecht hatten diese jungen Leute ja eigentlich gar nicht. Aber ich sah da ganz in ihrer Nähe, nur wenige Schritte entfernt, einen zerlumpten und vom Alkohol gezeichneten Bettler sitzen. Den schienen sie nicht zu bemerken. Mir aber klang, als ich den Bettler sah, die Stimme des jungen Eiferers um den Glauben zu schrill in den Ohren, und ich fragte mich: Wie wollen sie die Herzen der Menschen erreichen, wenn das Elend dieses Nächsten ihr eigenes Herz nicht berührt?

Die Worte eines großen Papstes fielen mir ein: „Je mehr einer für den ‚Himmel' begeistert ist, um so mehr muß er Hand anlegen, um hier auf der Erde Gerechtigkeit zu verwirklichen." Das wiederum erinnerte mich an eine Geschichte, die Bertolt Brecht geschrieben hat:

Zu Herrn K. kam ein Philosophieprofessor und erzählte ihm von seiner Weisheit. Nach einer Weile sagte Herr K. zu ihm: „Du sitzt unbequem, du redest unbequem, du denkst unbequem." Der Philosophieprofessor wurde zornig und sagte: „Nicht über mich wollte ich etwas wissen, sondern über den Inhalt dessen, was ich sagte." „Es hat keinen Inhalt", sagte Herr K. „Ich sehe dich täppisch gehen, und es ist kein Ziel, das du, während ich dich gehen sehe, erreichst. Du redest dunkel, und es ist keine Helle, die du während des Redens schaffst. Sehend deine Haltung, interessiert mich dein Ziel nicht."

Auch unter den Christen gibt es manche, die sich mit dem Flair eines Propheten umgeben und ständig mit dem Finger auf Menschen und Einrichtungen, auf die Reichen oder die Gesellschaft zeigen und sie ihrer Kritik unterwerfen. Sie meinen, ohne Donner und Kanonenschlag könne man gewisse Leute nicht aufwecken. Der Apostel Paulus – selbst auch nicht gerade zaghaft in der Rede von Jesus – zog eine andere Weise vor: Gebt niemand ein Ärgernis – eure Liebe sei langmütig. Mein Jesus eiferte auch für Gottes Sache. Das aber hinderte ihn nicht, den Blinden, Lahmen, Aussätzigen und Sündern mit seiner Liebe zu begegnen. Ein prophetisches Engagement, laute Erklärungen und ein blitzendes Auge à la Napoleon gefallen vielleicht manchem wohl – wenn sie aber nicht von der Liebe Christi zu den Elenden dieser Welt durchdrungen sind, sollten wir nicht allzu viel Zeit damit verlieren, ihnen zuzuhören. Denn „wenn ich prophetisch reden könnte und wüßte alle Geheimnisse und alle Erkenntnis und hätte allen Glauben, so daß ich Berge versetzen könnte, und hätte die Liebe nicht, so wäre ich nichts".

Man sieht nur mit dem Herzen gut.
Das Wesentliche ist für die Augen unsichtbar.

Antoine de Saint-Exupéry

Ein Leben ohne Liebe ist sinnlos

Liebe ist Leben,
Leben ist Liebe.
Ohne Sich-Geben,
sag, Herz, was bliebe?
„Nicht Liebe,
nicht Leben.“

Hans Franck

Ein guter Mensch am Höllentor

Die Hölle war total überfüllt, und noch immer stand eine lange Schlange am Eingang. Schließlich mußte sich der Teufel selbst herausbegeben, um die Bewerber fortzuschicken. „Bei mir ist alles so überfüllt, daß nur noch ein einziger Platz frei ist“, sagte er. „Den muß der ärgste Sünder bekommen. Sind vielleicht ein paar Mörder da?“ Und nun forschte er unter den Anstehenden und hörte sich deren Verfehlungen an. Was auch immer sie erzählten, nichts schien ihm schrecklich genug, als daß er dafür den letzten Platz in der Hölle hergeben mochte. Wieder und wieder blickte er die Schlange entlang. Schließlich sah er einen, den er noch nicht befragt hatte. „Was ist eigentlich mit Ihnen – dem Herrn, der da für sich allein steht? Was haben Sie getan?“

„Nichts“, sagte der Mann, den er so angesprochen hatte. „Ich bin ein guter Mensch und nur aus Versehen hier. Ich habe geglaubt, die Leute ständen hier um Zigaretten an.“

„Aber Sie müssen doch etwas getan haben“, sagte der Teufel.

„Jeder Mensch stellt etwas an.“

„Ich sah es wohl“, sagte der ‚gute Mensch‘, „aber ich hielt mich davon fern. Ich sah, wie Menschen ihre Mitmenschen verfolgten, aber ich beteiligte mich niemals daran. Sie haben Kinder hungern lassen und in die Sklaverei verkauft; sie haben auf den Schwachen herumgetrampelt. Überall um mich herum haben Menschen von Übeltaten jeder Art profitiert. Ich allein widerstand der Versuchung und tat nichts.“
„Absolut nichts?“ fragte der Teufel ungläubig. „Sind Sie sich völlig sicher, daß Sie das alles mitangesehen haben?“
„Vor meiner eigenen Tür“, sagte der ‚gute Mensch‘.
„Und nichts haben Sie getan?“ wiederholte der Teufel.
„Nein!“
„Komm herein, mein Sohn, der Platz gehört dir!“
Und als er den ‚guten Menschen‘ einließ, drückte sich der Teufel zur Seite, um mit ihm nicht in Berührung zu kommen.

Calderon

Das Leben der allermeisten Menschen ist ein mattes Sehnen und Quälen, ein träumerisches Taumeln durch die vier Lebensalter hindurch zum Tode, unter Begleitung einer Reihe trivialer Gedanken. Sie gleichen Uhrwerken, welche aufgezogen werden und gehen, ohne zu wissen warum; und jedesmal, daß ein Mensch gezeugt und geboren worden, ist die Uhr des Menschenlebens aufs neue aufgezogen, um jetzt ihr schon zahllose Male abgespieltes Leierstück abermals zu wiederholen, Satz vor Satz und Takt vor Takt, mit unbedeutenden Variationen.

Arthur Schopenhauer

Ein Mensch von gründlicher Natur
Macht bei sich selber Inventur.
Wie manches von den Idealen,
Die er einst teuer mußte zahlen,
Gibt er, wenn auch nur widerwillig,
Weit unter Einkaufspreis, spottbillig.
Auf einen Wust von holden Träumen
Schreibt er entschlossen jetzt:
„Wir räumen!“
Und viele höchste Lebensgüter
Sind nur mehr alte Ladenhüter.
Doch ganz vergessen unterm Staube
Ist noch ein Restchen alter Glaube,
Verschollen im Geschäftsbetriebe
Hielt sich noch ein Quentchen Liebe,
Und unter wüstem Kram verschloffen
Entdeckt er noch ein Stückchen Hoffen.
Der Mensch, verschmerzend seine Pleite,
Bringt die drei Dinge still beiseite
Und lebt ganz glücklich bis zur Frist,
Wenn er noch nicht gestorben ist.

Eugen Roth

Ein Leben in Liebe ist Glück und Freude

Da liegt mein kleiner Enkel in seinem Wagen. 5 Monate ist er alt. Schon erkennt er vertraute Menschen, und seine Bewegungen werden gezielter. Es macht richtig Freude, sich mit ihm zu beschäftigen. Am schönsten aber ist es, wenn seine Mutter sich über ihn beugt. Dann lacht sein ganzes Gesicht, und in diesem strahlenden Kindergesicht ist Glaube und Hoffnung und Liebe vereint. Noch versteht er die Welt nicht, die ihn umgibt – auch sich selbst versteht er wohl kaum –, er lebt noch ganz in der Liebe, die den Glauben und alle Hoffnung umfaßt, die für ihn glaubt und für ihn hofft, und darin liegen für ihn das Glück und die Freude dieser Welt.
Wenn ihr nicht werdet wie die Kinder – sagt Jesus –, bleibt euch der Himmel verschlossen. Ein bißchen Wehmut mag uns befallen, wenn wir solch strahlendes Kindergesicht sehen, weil auf unserer Jagd nach Glück und Freude so oft die Liebe auf der Strecke blieb. Aber eine Ahnung davon ist uns geblieben, daß nur in der Liebe unser Leben seine Erfüllung findet.
Weil wir so oft von menschlicher Liebe enttäuscht werden, zeigt uns der Apostel Johannes einen anderen Weg in einen offenen Himmel: „Gott ist die Liebe", sagt er, „und wer in der Liebe bleibt, der bleibt in Gott und Gott in ihm." In dieser Liebe sind wir geborgen – sie umfaßt uns, auch wenn wir die Welt und uns selbst nicht verstehen – sie läßt uns glauben, daß Gott für uns ist – sie läßt uns hoffen auf ein erfülltes Leben.

Nun aber bleibt Glaube, Hoffnung, Liebe, diese drei,
aber die Liebe ist die größte unter ihnen.
1. Kor. 13,13

ZUM AUTOR: Pastor i. R. Ulrich Heidenreich war von 1972 bis 1995 Vorsteher der diakonischen Einrichtung DAS RAUHE HAUS in Hamburg.

BILDNACHWEIS: Umschlag und Seite 13: Paula Modersohn-Becker, Der barmherzige Samariter, aus Privatbesitz, Foto: AKG Berlin; S. 7: Marc Chagall, Paar in grau © Cosmopress, Genf; S. 9: Pieter Bruegel, d. Ä.; Der Turmbau zu Babel, Wien, Kunsthistorisches Museum; Seite 17: Marc Chagall, Mose empfängt die Gesetzestafeln, © Cosmopress, Genf; S. 21: Giotto, Franziskuslegende, Sehet die Vögel, Fresko; Assisi, San Francesco, Oberkirche; S. 25: Rembrandt, Heimkehr des verlorenen Sohnes, Leningrad, Eremitage; Seite 29: Gustave Doré, Die Jünger raufen am Sabbat die Ähren aus, aus einer holländischen Bibel; S. 33: Rembrandt, Hundertguldenblatt, Detail: Die Pharisäer; S. 37: Giotto, Franziskuslegende, Schenkung des Mantels, Fresko; Assisi, San Francesco, Oberkirche; S. 41: Vincent van Gogh, Der Sämann, Sammlung Vincent van Gogh, Laren; S. 47: Emil Nolde, Christus und die Kinder; The Museum of Modern Art, New York; mit freundlicher Genehmigung der Nolde-Stiftung, Seebüll.

TEXTNACHWEIS: S. 11: Herr, ich habe Zeit... aus: Michel Quoist, Herr, da bin ich. Gebete, 61. Auflage 1986, Verlag Styria, Graz Wien Köln; Ulrich Schaffer, Jeden Tag, an dem man Liebe..., aus: Ulrich Schaffer, Entdecke das Wunder, das du bist. Der Wunsch, wirklich lebendig zu sein, Kreuz Verlag Stuttgart 1987; S. 12: Rudolf Hempel, Zwei Plätze blieben leer, aus: R. Hempel, Die Welt ist voller Engel, Bechauf Verlag, Bielefeld. Zitiert nach „Gegenüber wartet jemand“, EVA Berlin 1975, S. 199 ff.; S. 23: Eugen Roth, Die guten Bekannten, © Eugen Roth Erben, München; S. 26: Antoine de Saint-Exupery, Als ich heute abend... © Karl Rauch Verlag, Düsseldorf 1956; S. 32: Hans-Georg Lubkoll, Abstufungen beim Ziehen des Hutes, aus: Hans-Georg Lubkoll, So nahe ist Gott, Unfeierliche Gedanken zum Glauben an Christus in unserer Zeit, Schriftenmissions-Verlag, Neukirchen-Vluyn, 1973; S. 36: Lothar Zenetti, Am Ende die Rechnung, aus: Sieben Farben hat das Licht, J. Pfeiffer Verlag, München 1975, Zitiert nach „Ja zu jedem Tag“, Gladbek 1977; S. 39: Erich Scheurmann, Geld ist seine Gottheit, aus: Erich Scheurmann, Der Papalagi – Die Reden des Südseehäuptlings Tuiavii aus Tiavea, erschienen im Tanner und Staehelin Verlag, CH-8034 Zürich. Erhältlich im Buchhandel; S. 45: Eugen Roth: Ein Mensch von gründlicher Natur... © Eugen Roth Erben, München.

Wir haben uns bemüht, alle Zitate zu verifizieren und mit einem Quellenhinweis zu belegen. Dies ist uns in einigen Fällen nicht gelungen. Wir bitten die Autoren oder Verlage dieser Textstellen, mit uns Verbindung aufzunehmen.

Gestaltung: Hans-Heinrich Holm, Hamburg
Satz: Alphabeta Gerds GmbH, Hamburg
Lithos: Hess Fotosatz GmbH, Hamburg
Schrift: Century Old Style
Druck: Printer Portuguesa, Lda.
Best.-Nr.: 11542-5
ISBN 3 7600-1542-5